Ulrike Löffler/Isabel Schick

Lebenspraktisches Lernen:

Geld

Persen
Persen Verlag

Gedruckt auf umweltbewusst gefertigtem, chlorfrei gebleichtem
und alterungsbeständigem Papier.

Nach den seit 2006 amtlich gültigen Regelungen der Rechtschreibung.

1. Auflage 2010

Illustrationen: Jennifer Spry
Satz: Typographie & Computer, Krefeld

ISBN 978-3-8344-**3208**-7

www.persen.de

Inhaltsverzeichnis

Inhaltsverzeichnis

Übersicht CD

Alle Arbeitsblätter (als PDFs und veränderbare Word-Dokumente)
Spiel: Das Eurospiel (farbig)
Spiel: Münz-Domino (in 3 Differenzierungsstufen)
Spiel: Scheine-Domino (in 3 Differenzierungsstufen)
Spiel: Räubern (farbig)
Große Münzen und Scheine (farbig)

Tätigkeiten

legen

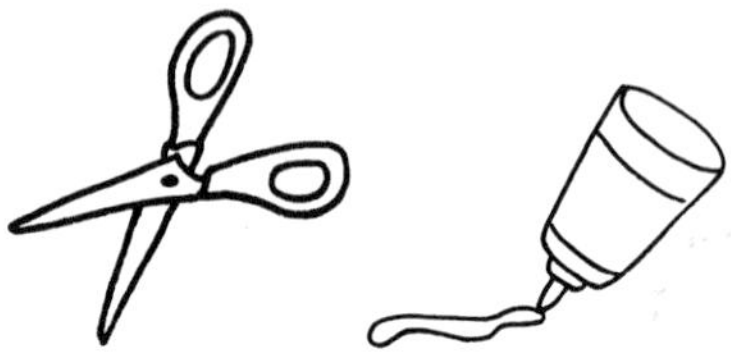

schneiden und kleben

schreiben

spielen

Schwierigkeitsgrade

leicht

mittel

schwer

Vorwort

Zielsetzung und Anliegen

Mit Geld umgehen zu können, gehört zu den Schlüsselqualifikationen für ein möglichst eigenständiges und selbstbestimmtes Leben, für Teilhabe und soziale Integration in unsere Gesellschaft. Es ist allerdings auch eine Fähigkeit, die Schülerinnen und Schüler mit geistiger bzw. Lernbehinderung nur bei gezielter, intensiver und wirklichkeitsnaher Förderung erwerben können. Um Alltagsstrategien im Umgang mit Geld erwerben und im Alltag anwenden zu können, bedarf es deshalb eines systematischen Lernens und Übens.

Das vorliegende Buch ermöglicht eben dieses: ein kleinschrittiges, systematisch aufgebautes Vorgehen im Hinblick auf das Erlernen von praktischen Kompetenzen und Alltagsstrategien im Umgang mit Geld.

Didaktische Grundlegung

Das Thema ‚Umgang mit Geld' erscheint auf den ersten Blick als überschaubar. Im Hinblick auf den Praxisbezug sind die Inhalte für Schülerinnen und Schüler zwar meist motivierend und leicht zugänglich, aber im Detail doch recht komplex. Um letztlich mit Geld rechnen zu können, bedarf es umfassender Kompetenzen wie beispielsweise das Erfassen des Maßzahlaspekts oder das Rechnen mit dezimalen Zahlen. Dieses Buch will dabei helfen, Grundlagen zu erarbeiten und lebenspraktische Fähigkeiten anzubahnen, die einen möglichst eigenständigen Umgang mit Geld ermöglichen. Hierfür bieten wir Lern- und Spielmaterial an, welches ein schrittweises Erlernen und Üben auf verschiedenen Erarbeitungsebenen ermöglicht (anschaulich, handelnd, spielerisch, symbolisch ...).

Die grundlegende Erarbeitung haben wir in folgende Lernebenen eingeteilt:

- Münzen/Scheine unterscheiden (Gleiches zu Gleichem...)
- Münzen/Scheine benennen
- Wertigkeit erfassen in je 2 Kategorien (Cent – Euro, Metallgeld – Papiergeld)
- Überzahlprinzip erkennen (Ware kostet 43 Cent – 50 Cent bezahlt)
- Den Maßzahlaspekt erfassen
- Wertigkeit der einzelnen Münzen und Scheine erkennen
- Mit ganzen Geldbeträgen rechnen z. B. 3 € + 2 € = 5 €
- Mit dezimalen Geldbeträgen rechnen z. B. 2,34 € + 1,78 € = 4,12 €

Dieses entwicklungslogische Vorgehen ist dem vorliegenden Buch zugrunde gelegt.

Aus der Praxis für die Praxis – Hinweise für Lehrerinnen und Lehrer

Die Arbeitsblätter, Arbeitsmaterialien und Spiele sind aus der praktischen Arbeit mit Schülerinnen und Schülern entstanden und hier zu einem strukturierten Lehrgang zusammengefasst.

Besonderen Wert haben wir auf eine entwicklungslogische, kleinschrittige und motivierende Vorgehensweise gelegt. Außerdem war es uns wichtig, die Arbeitsvorlagen so zu gestalten, dass auch für Schülerinnen und Schüler im Bereich der Hauptschulstufe altersentsprechendes Material zur Verfügung steht.

Vorwort

Wir haben die Lernschritte im Hinblick auf unser didaktisches Konzept systematisch aufgebaut. Die Mappe ist in die folgenden vier Bereiche eingeteilt:

- Scheine und Münzen erkennen, benennen, unterscheiden und zuordnen
- Wertigkeit erfassen
- Lebenspraktischer Umgang mit Geld
- Rechnen mit Geld.

Zu allen vier Bereichen gibt es Arbeitsblätter, Arbeitsmaterialien und Spiele in bis zu drei Schwierigkeitsstufen, sodass ein Einsatz im Sinne der Binnendifferenzierung innerhalb der Klasse oder Lerngruppe leicht möglich ist.

Im Hinblick auf die Zielgruppe wurden auf den Arbeitsblättern einfache, sich wiederholende Aufgabenstellungen gewählt. Jedes Arbeitsblatt enthält in sich wiederum nur eine Aufgabenstellung. Zur Vertiefung sind motivierende, einfache Spiele mit Spielanleitungen und Anschauungsmaterial enthalten.

Auf der beigefügten CD finden Sie alle Arbeitsblätter, Spiele und Materialien z. T. farbig und als veränderbare Word-Dokumente, sodass Sie sie leicht für den individuellen Gebrauch verändern und anpassen können.

Im Bereich der grundlegenden Übungen wurde bewusst auf eine dezimale Schreibweise der Geldbeträge verzichtet. Bei anspruchsvolleren Aufgaben wurden jedoch Dezimalbeträge im Sinne der Orientierung an der Lebenswelt (Preisschilder …) verwendet (eine individuelle Veränderung ist mithilfe der CD möglich). Um die dezimale Schreibweise anzubahnen bzw. zu üben, wurden drei Übungsblätter zu diesem Thema eingefügt (siehe Themenblock 3).

Das Buch eignet sich besonders dazu, einen praktisch orientierten Unterricht (z. B. Einkaufen, Pausenverkauf …) systematisch zu unterstützen und zu begleiten. Fertigkeiten können hier angebahnt, erlangt, wiederholt, geübt und dann entsprechend in der Praxis umgesetzt werden.

Name:
Thema: Gleiche Münzen erkennen und zuordnen 1

Verbinde die gleichen Münzen!

Name:

Thema: Gleiche Münzen erkennen und zuordnen 2

Suche die passende Münze und lege sie in den leeren Kreis dazu!

Name:

Thema: Gleiche Münzen erkennen und zuordnen 3

Stecke immer die gleichen Münzen in eine Spardose!
Verbinde mit Strichen!

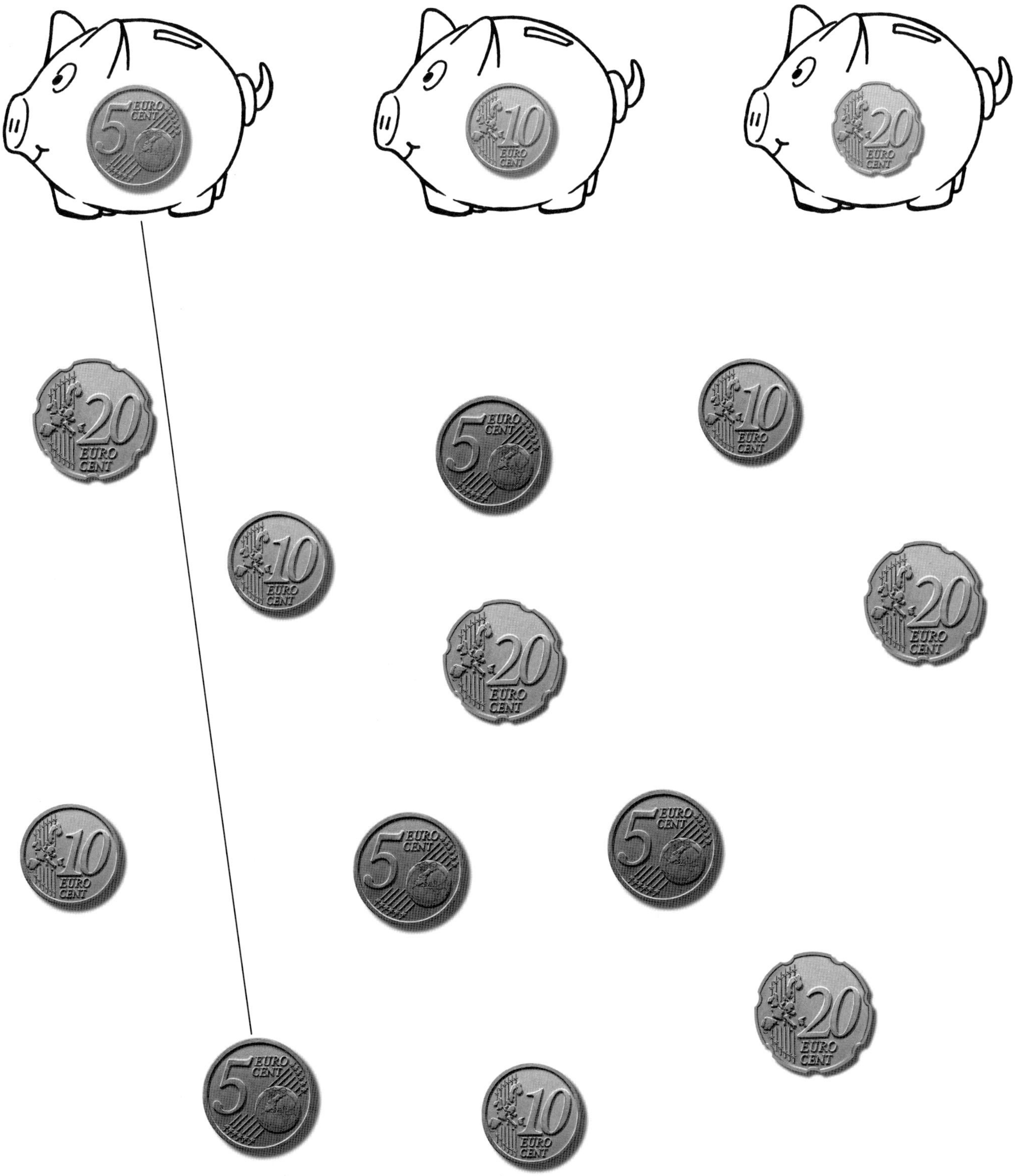

Ulrike Löffler/Isabel Schick: Lebenspraktisches Lernen: Geld

Name:

Thema: Gleiche Münzen erkennen und zuordnen 4

Stecke immer die gleichen Münzen in eine Spardose!
Verbinde mit Strichen!

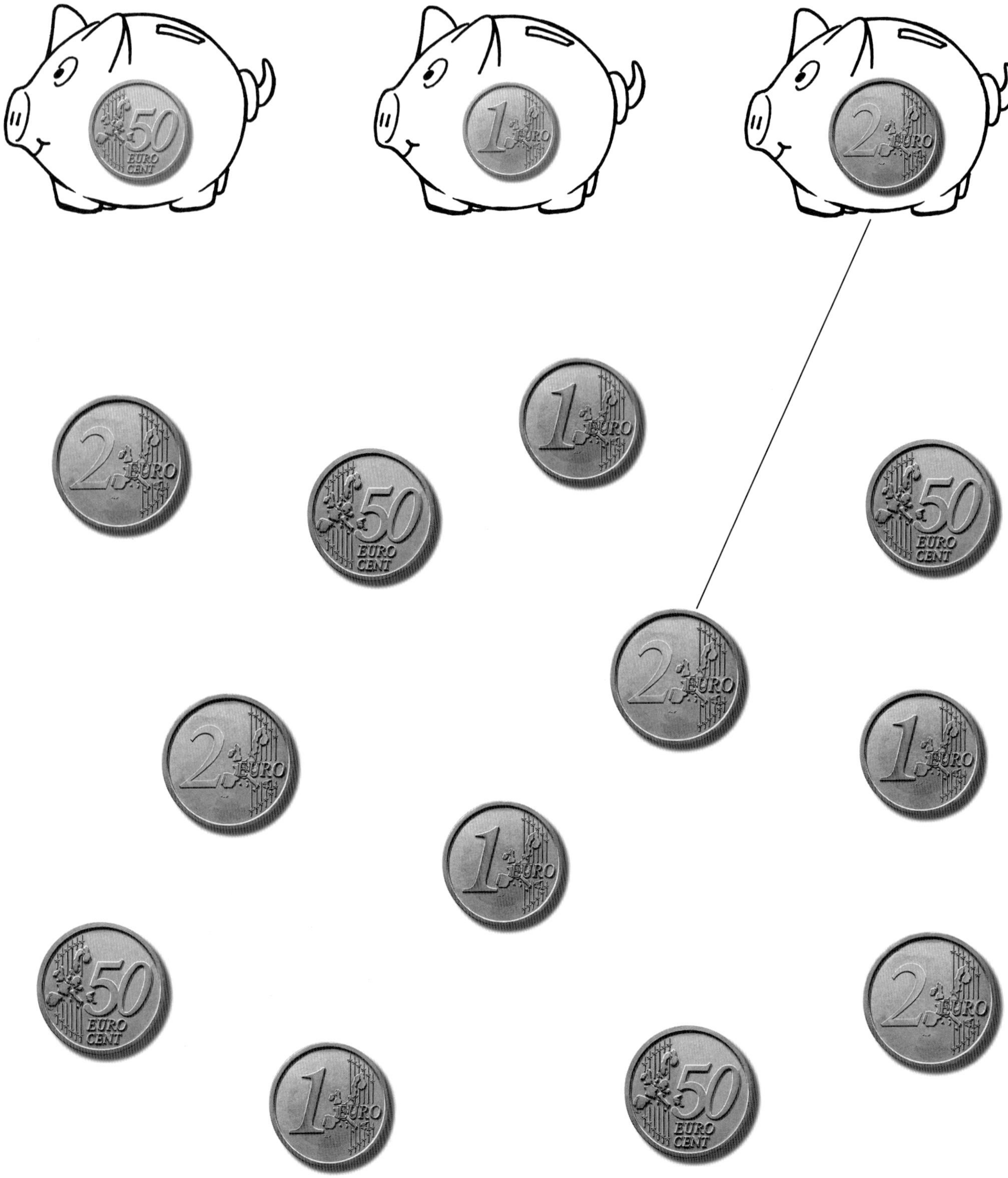

Name:

Thema: Vorder- und Rückseite von Münzen erkennen und zuordnen

Verbinde die Vorderseiten mit den passenden **Rückseiten** der Münzen!

Tipp: Nimm dir Spielgeld zum Vergleichen zu Hilfe.

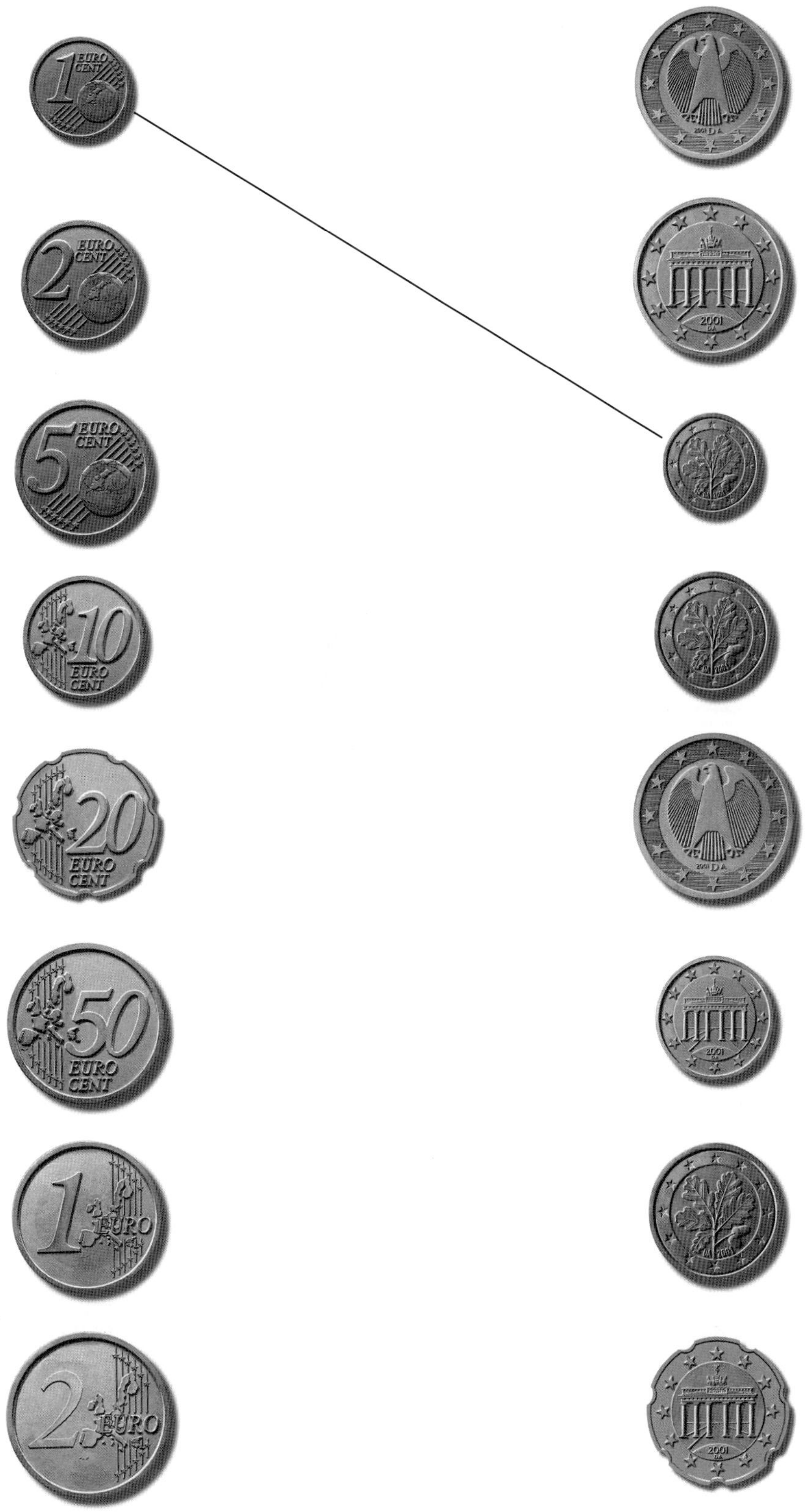

Name:

Thema: Münzen erkennen und ausmalen

Male die Münzen in der richtigen Farbe aus!

Du brauchst einen grauen (silbernen), einen gelben (goldenen) und einen roten (orangenen/ kupferfarbenen) Stift.

Name:

Thema: Münzen und deren Bezeichnung zuordnen 1

Verbinde die Münze mit der passenden Bezeichnung!

	**1 Euro**		**2 Euro**
	**1 Cent**		**2 Cent**
	**10 Cent**		**20 Cent**
	**5 Cent**		**50 Cent**
	**2 Euro**		**1 Euro**

Name:

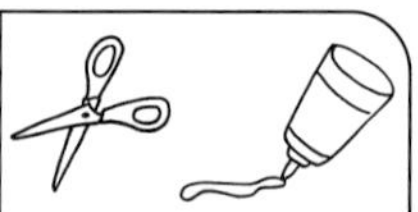

Thema: Münzen und deren Bezeichnung zuordnen 2

	**1 Cent**		**2 Cent**
	5 Cent		**10 Cent**
	20 Cent		**50 Cent**
	1 Euro		**2 Euro**

Schneide die Münzen aus und klebe sie im passenden Feld oben ein!

Name:

Thema: Münzen und deren Bezeichnung zuordnen 1

Verbinde die Münze mit der passenden Bezeichnung!

	**1 Euro**		**2 Euro**
	**1 Cent**		**2 Cent**
	**10 Cent**		**20 Cent**
	**5 Cent**		**50 Cent**
	**2 Euro**		**1 Euro**

Name:

Thema: Münzen und deren Bezeichnung zuordnen 2

	**1 Cent**		**2 Cent**
	5 Cent		**10 Cent**
	20 Cent		**50 Cent**
	1 Euro		**2 Euro**

Schneide die Münzen aus und klebe sie im passenden Feld oben ein!

Name:

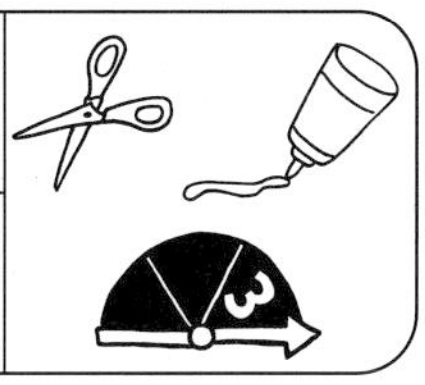

Thema: Münzen und deren Bezeichnung zuordnen 3

	**1 Cent**		**1 Euro**
	50 Cent		**10 Cent**
	20 Cent		**5 Cent**
	2 Euro		**2 Cent**

1. Schneide die Münzen aus und klebe sie im passenden Feld oben ein!
2. Schneide jetzt die Doppelkarten oben aus und klebe sie in die richtige Reihenfolge, von 1 Cent bis 2 Euro!

Name:

Thema: Spiel: Münz-Domino (Blatt 1)

	**2 Cent**
	**2 Euro**
	**10 Cent**
	**20 Cent**
	**50 Cent**
	**1 Euro**
	**5 Cent**
	**1 Cent**
	**2 Euro**
	**1 Euro**

Name:

Thema: Spiel: Münz-Domino (Blatt 2)

	**10 Cent**		**5 Cent**
	**10 Cent**		**20 Cent**
	**50 Cent**		**1 Euro**
	**2 Euro**		**50 Cent**
	**20 Cent**		**5 Cent**

Name:

Thema: Gleiche Scheine erkennen und zuordnen 1

Verbinde die gleichen Scheine!

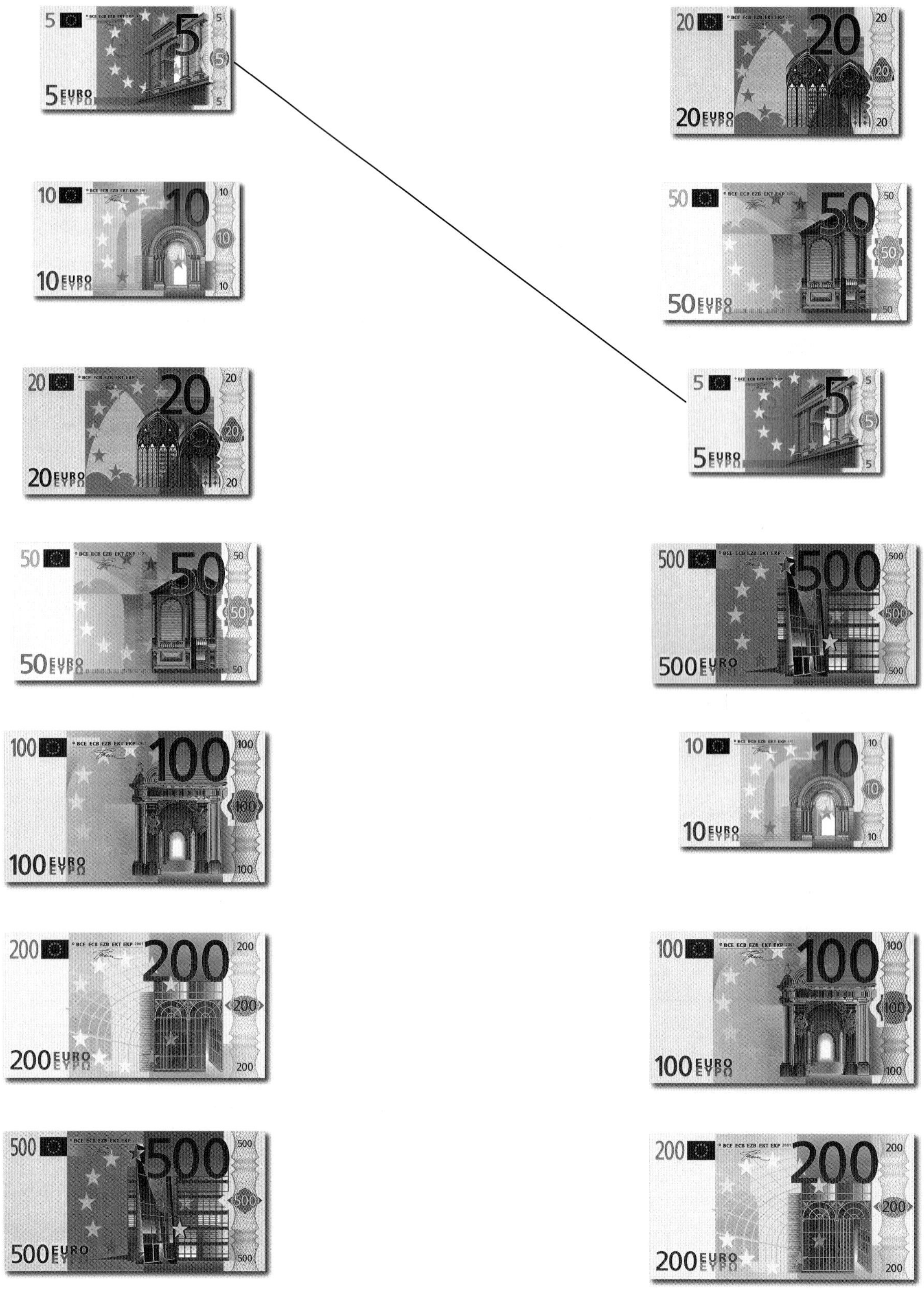

Name:

Thema: Gleiche Scheine erkennen und zuordnen 2

Suche den passenden Schein und lege ihn in das freie Feld dazu!

Name:

Thema: Gleiche Scheine erkennen und zuordnen 3

Lege die passenden Scheine (Spielgeld) auf die Geldstapel!

Name:

Thema: Gleiche Scheine erkennen und zuordnen 4

Lege immer die gleichen Scheine auf einen Geldstapel!
Verbinde mit Strichen!

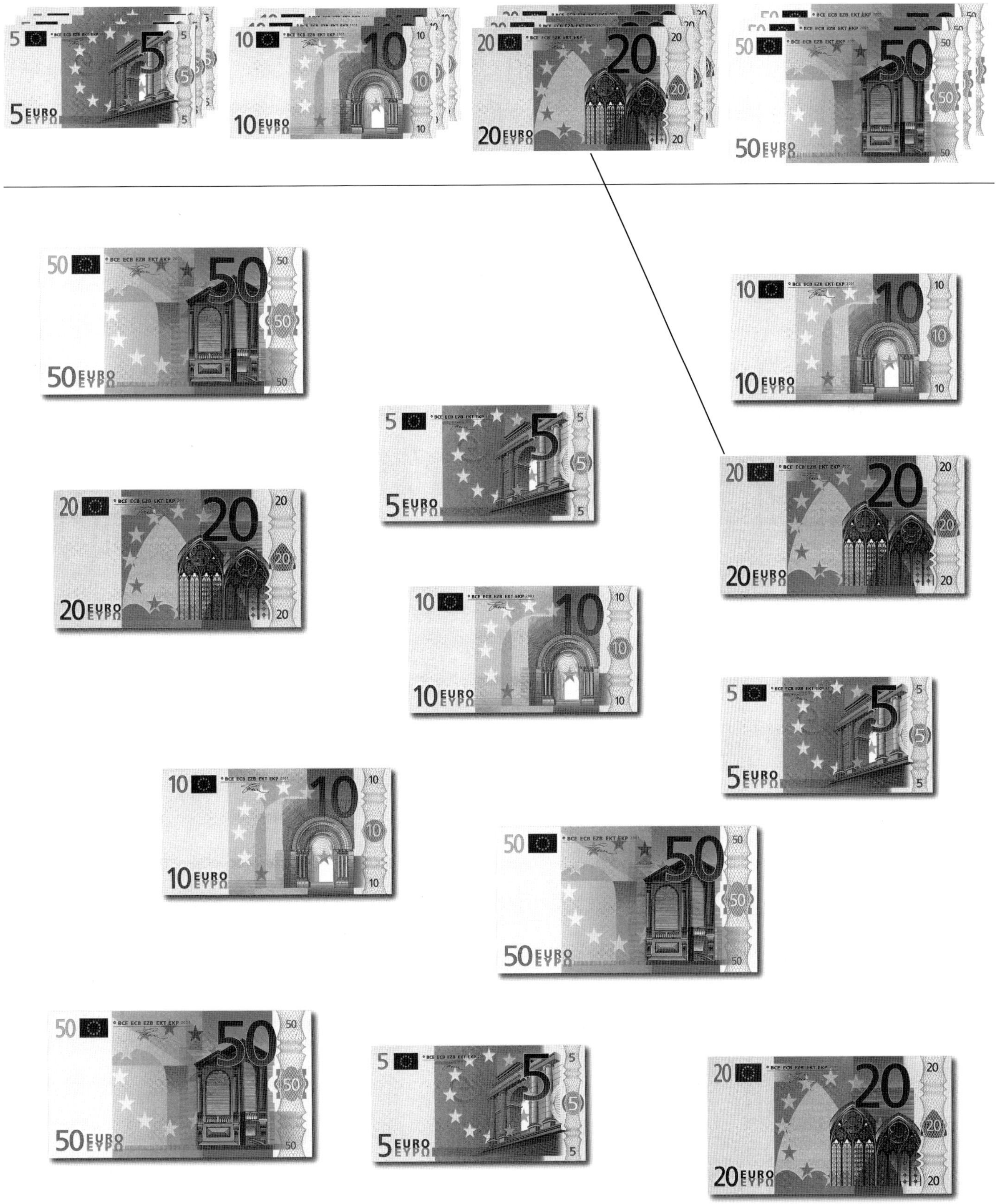

Name:

Thema: Scheine und deren Bezeichnung zuordnen

Verbinde den Schein mit der passenden Bezeichnung!

	**5 Euro**		**500 Euro**
	**50 Euro**		**100 Euro**
	**20 Euro**		**5 Euro**
	**10 Euro**		**10 Euro**
	**200 Euro**		**20 Euro**

Name:

Thema: Gleiche Scheine erkennen und zuordnen 4

Lege immer die gleichen Scheine auf einen Geldstapel!
Verbinde mit Strichen!

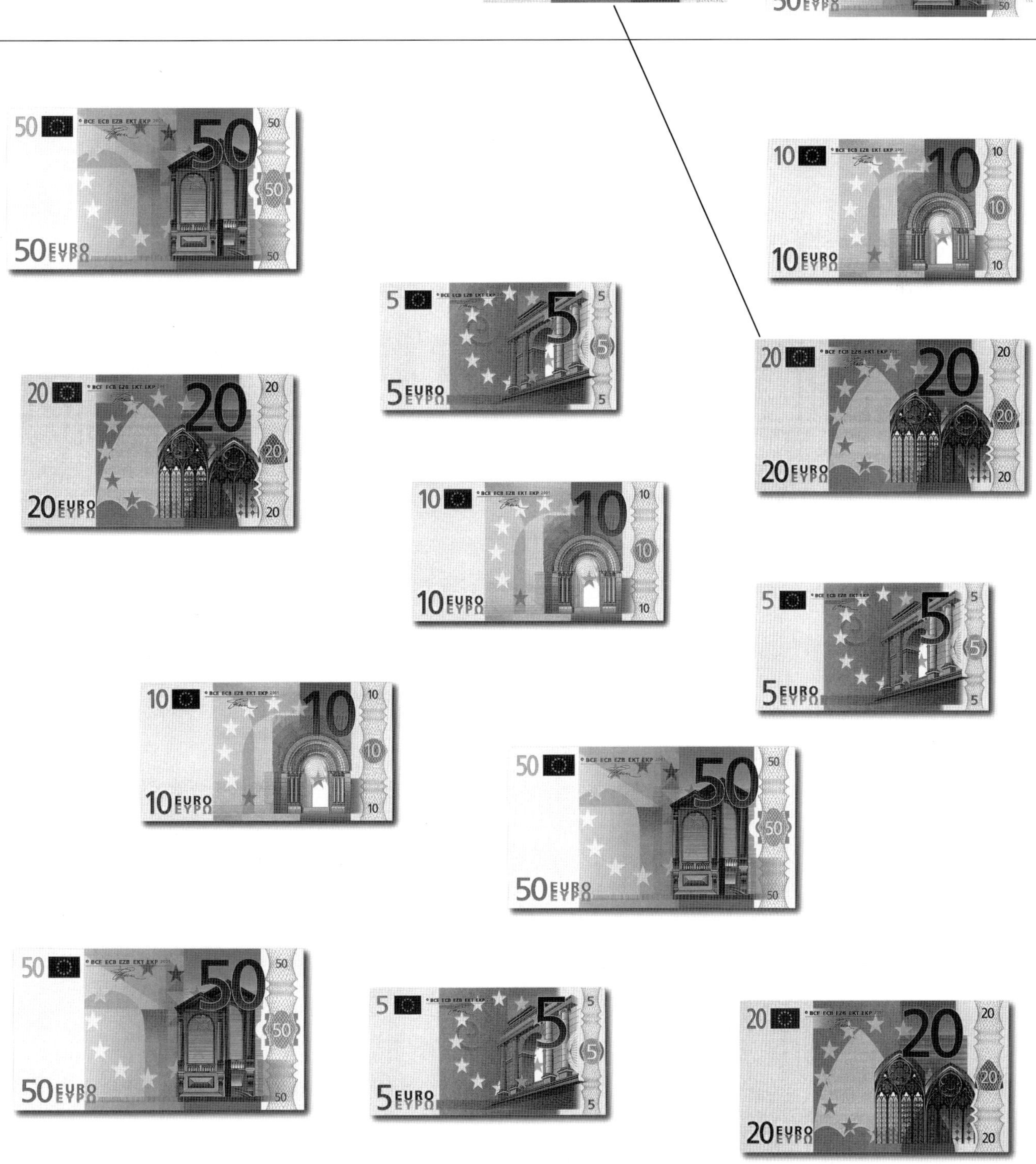

Name:

Thema: Scheine und deren Bezeichnung zuordnen

Verbinde den Schein mit der passenden Bezeichnung!

	**5 Euro**		**500 Euro**
	**50 Euro**		**100 Euro**
	**20 Euro**		**5 Euro**
	**10 Euro**		**10 Euro**
	**200 Euro**		**20 Euro**

Name:

Thema: Vorder- und Rückseite von Scheinen erkennen und zuordnen

Verbinde die Vorderseiten mit den passenden **Rückseiten** der Scheine!

Tipp: Nimm dir Spielgeld zum Vergleichen zu Hilfe.

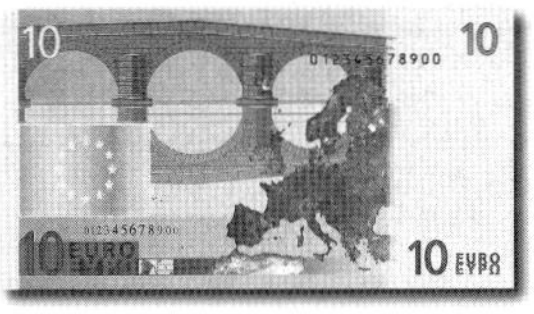

Name:

Thema: Gleiche Münzen und Scheine erkennen und zuordnen

Ordne immer das gleiche Geld auf einen Stapel!
Verbinde mit Strichen!

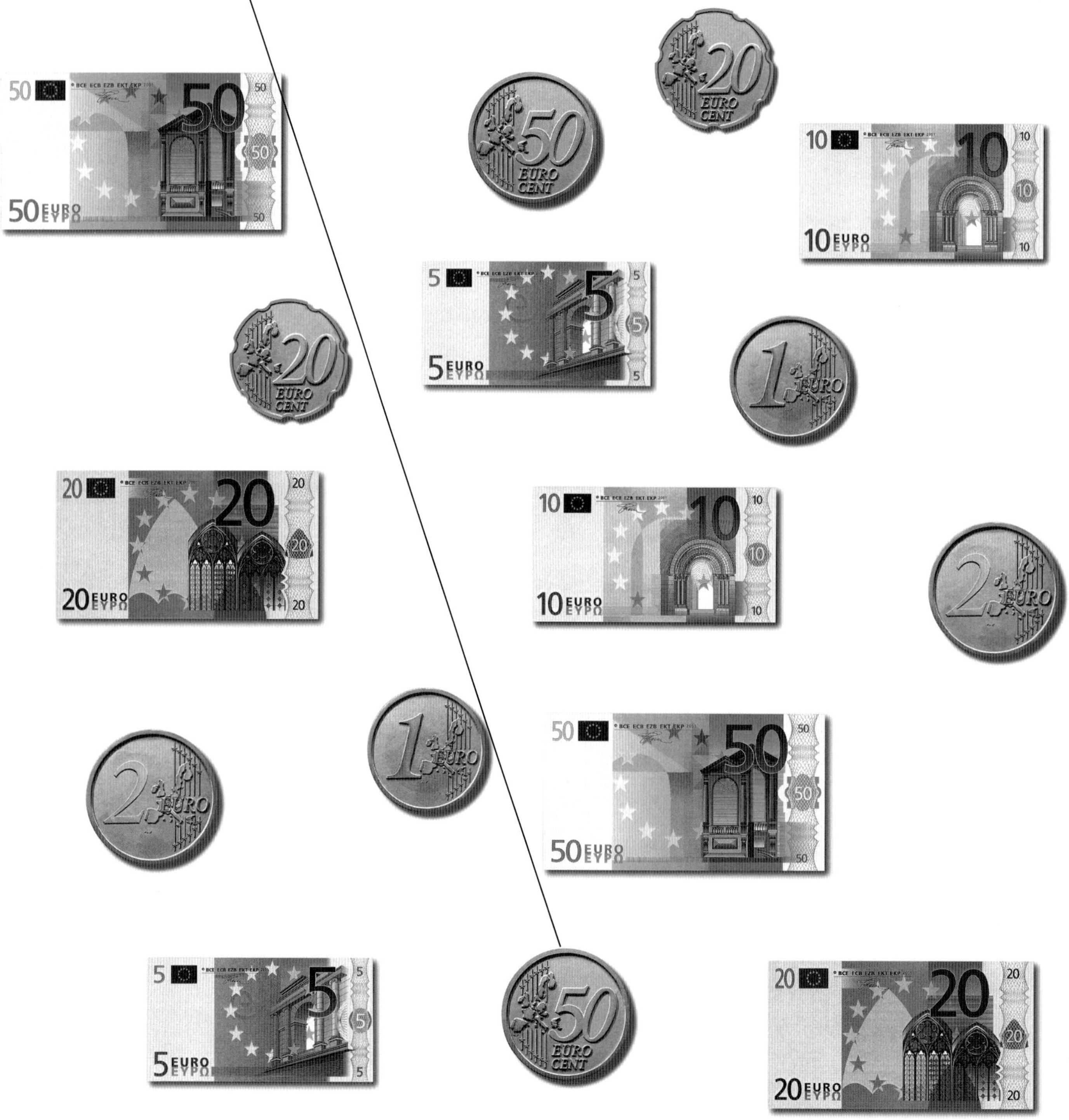

Name:

Thema: Spiel: Scheine-Domino (Blatt 1)

10 Euro

20 Euro

100 Euro

5 Euro

500 Euro

200 Euro

50 Euro

10 Euro

100 Euro

50 Euro

Name:

Thema: Spiel: Scheine-Domino (Blatt 2)

	**200 Euro**
	**500 Euro**
	**5 Euro**
	**20 Euro**
	**5 Euro**
	**10 Euro**
	**100 Euro**
	**500 Euro**
	**200 Euro**
	**50 Euro**

Name:

Thema: Unterscheidung Münzen und Scheine

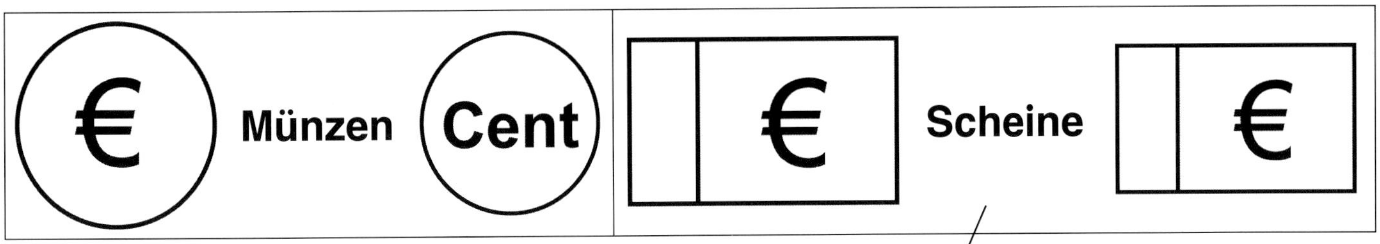

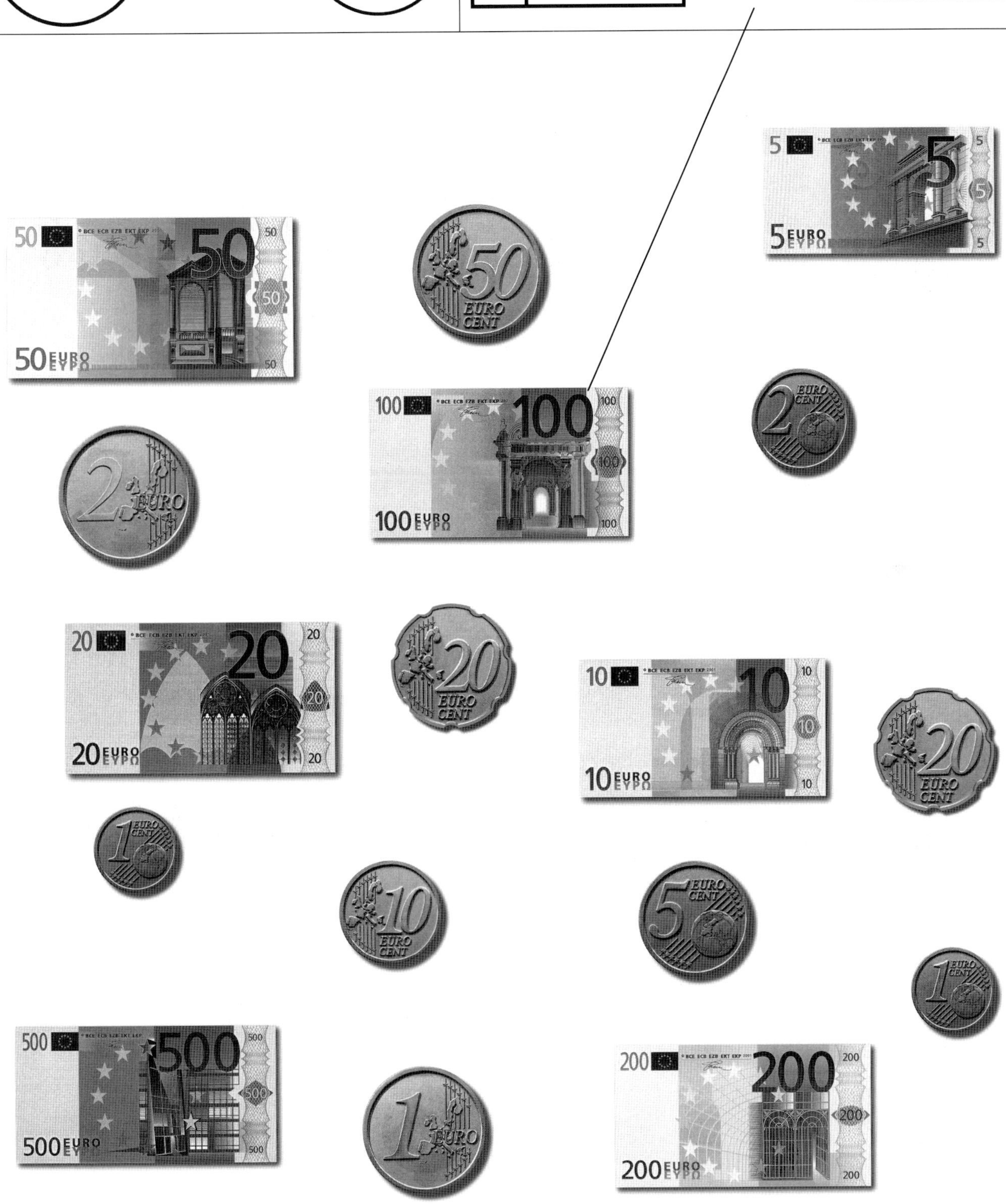

Name:

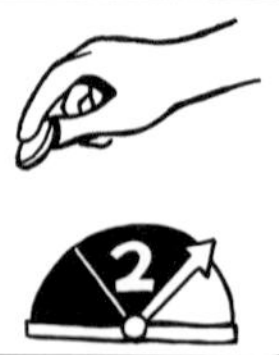

Thema: Unterscheidung Cent-Münzen und Euro-Münzen

Cent	Cent-Münzen	Cent	€	Euro-Münzen	€

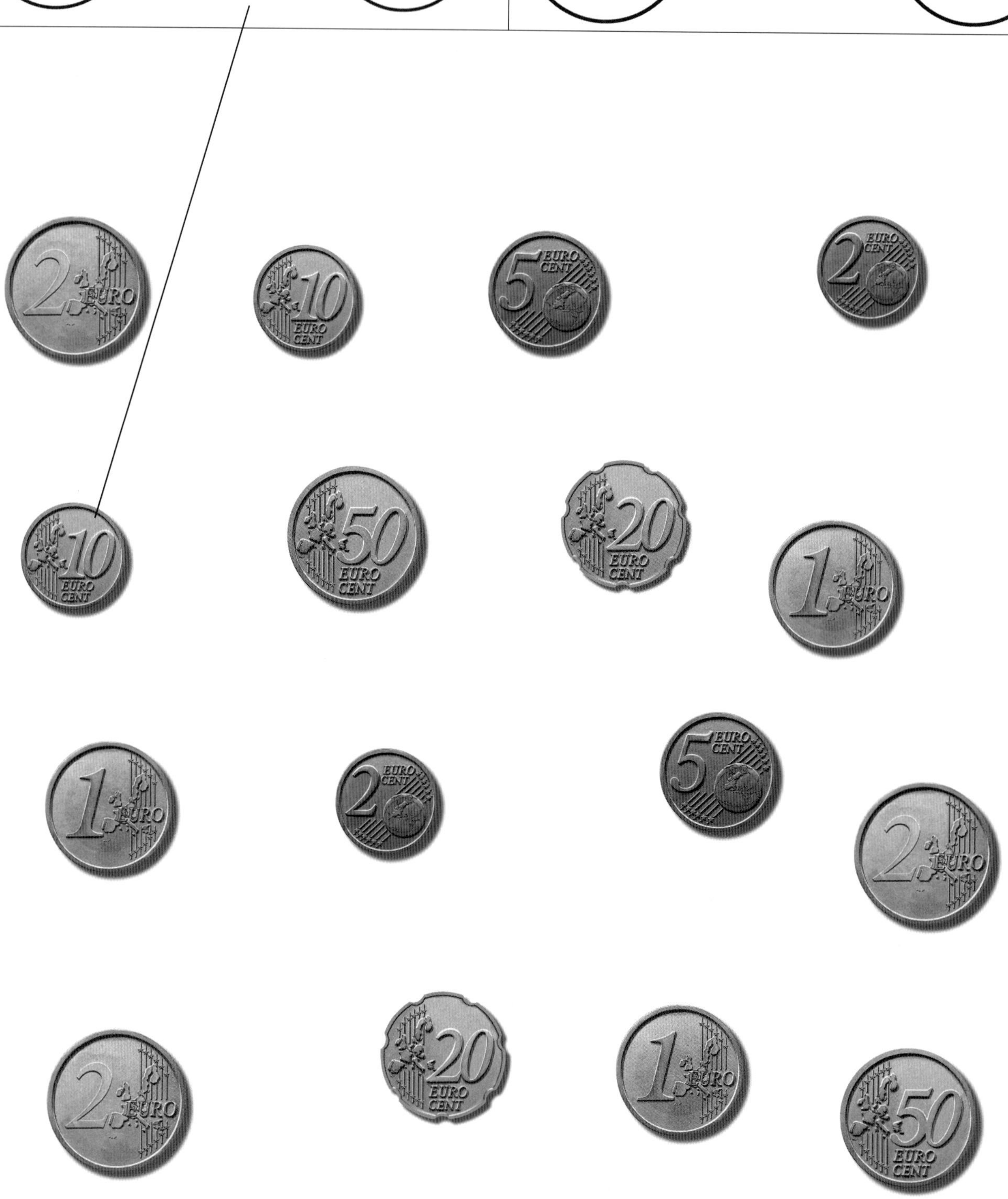

Ulrike Löffler/Isabel Schick: Lebenspraktisches Lernen: Geld

Name:

Thema: Unterscheidung Cent-Münzen, Euro-Münzen und Euro-Scheine

Cent-Münzen	Euro-Münzen	Euro-Scheine
Cent	€	€

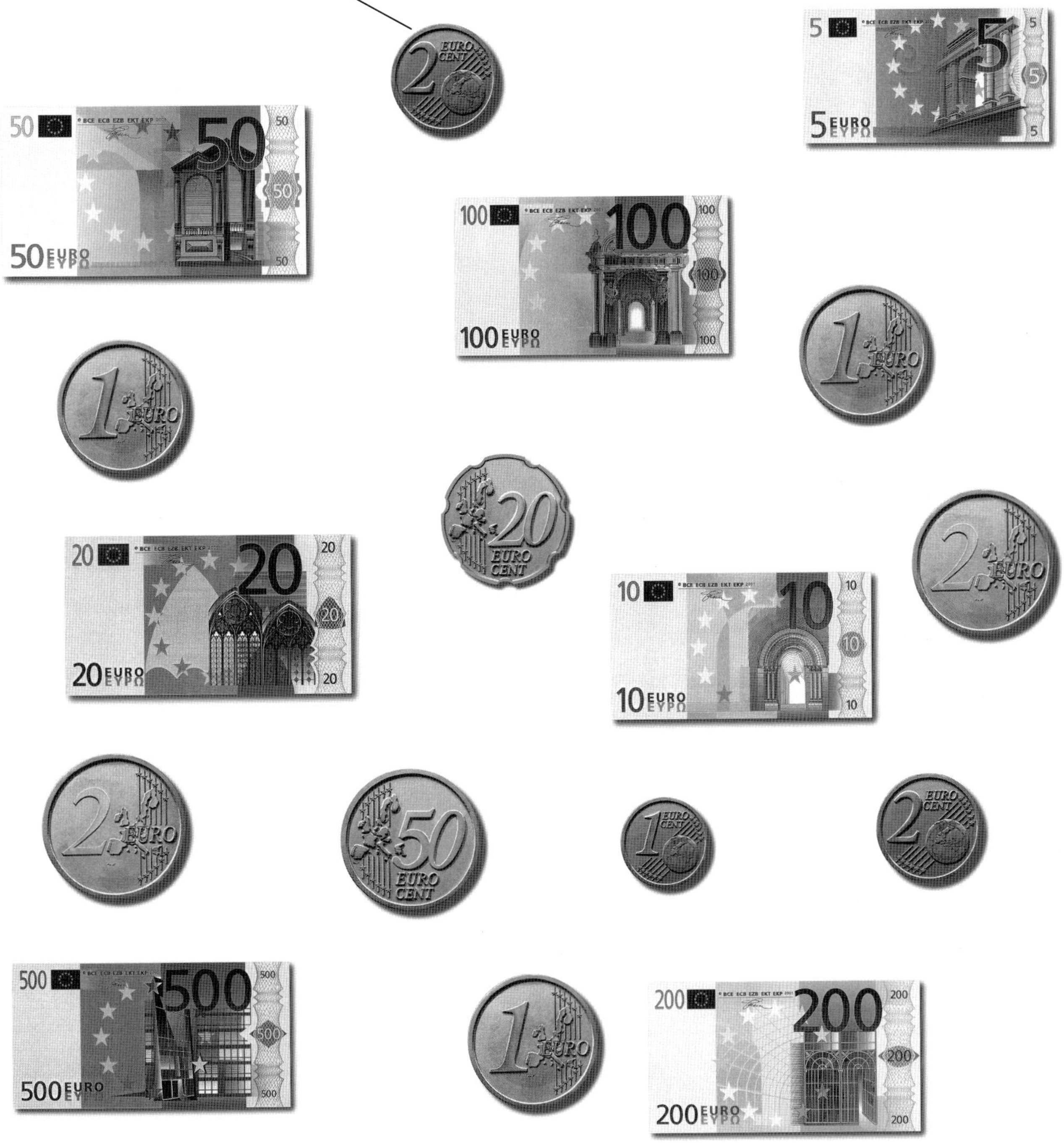

Name:

Thema: Wertigkeitskategorien

Lege das Geld in das passende Sparschwein!

Name:

Thema: Wertigkeit erfassen (Münzen) 1

	<	

Name:

Thema: Wertigkeit erfassen (Münzen) 2

	<	

Name:

Thema: Wertigkeit erfassen (Münzen) 1

	<	

Name:

Thema: Wertigkeit erfassen (Münzen) 2

	<	

Name:

Thema: Wertigkeit erfassen (Münzen) 3

	<	

Name:

Thema: Wertigkeit erfassen (Scheine)

	<	

Name:

Thema: Wertigkeit erfassen (Münzen) 3

	<	

Name:

Thema: Wertigkeit erfassen (Scheine)

	<	

Name:

Thema: Wertigkeit erfassen (Euro Scheine – Euro-Münzen – Cent-Münzen)

	<	

Name:

Thema: Eine Reihe nach Wertigkeit bilden

 <	 <	 <
 <	 <	 <
 <	 <	 <
 <	 <	 <
 <	 <	 <

Name:

Thema: Wo sind die Lebensmittel billiger? 1

Supermarkt „Tiefpreis“	**Supermarkt „Sparpreis“**
 2 €	 **1 €**
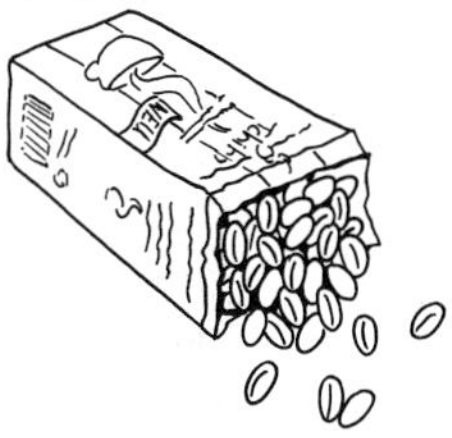 3 €	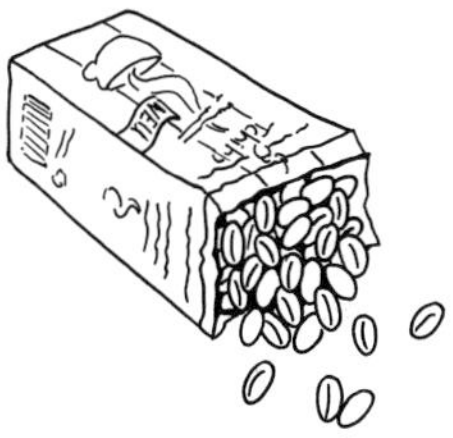 **4 €**
 6 €	 **7 €**
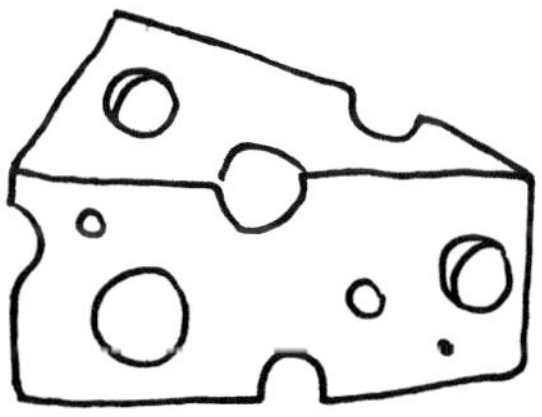 3 €	 **2 €**
 2 €	 **3 €**
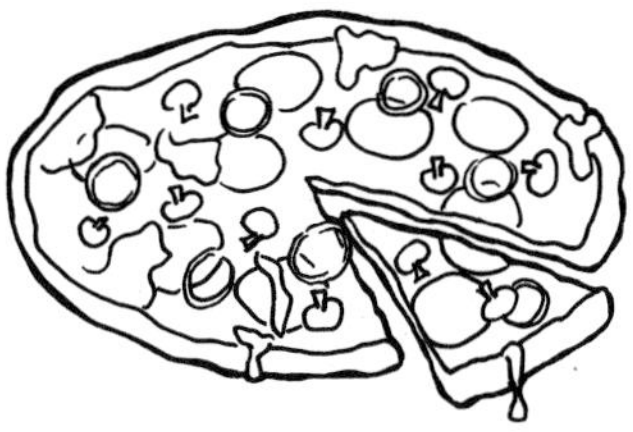 3 €	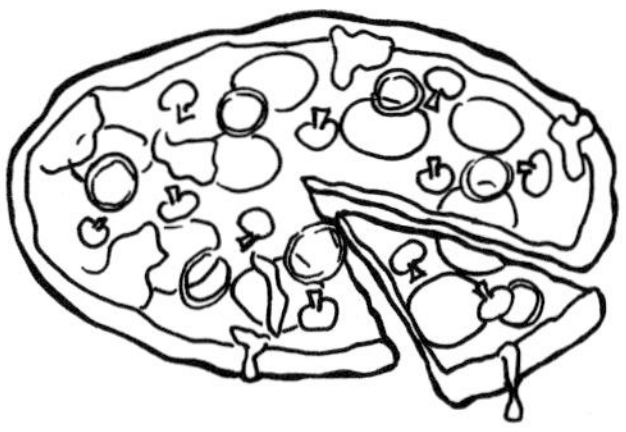 **5 €**
 2 €	 **1 €**

Name:

Thema: Wo sind die Lebensmittel billiger? 2

Supermarkt „Tiefpreis“	**Supermarkt „Sparpreis“**
 60 ct.	 **50 ct.**
 49 ct.	 **39 ct.**
 88 ct.	 **91 ct.**
 99 ct.	 **98 ct.**
 38 ct.	 **43 ct.**
 25 ct.	 **29 ct.**
 49 ct.	 **52 ct.**

Name:

Thema: Wo sind die Lebensmittel billiger? 3

Supermarkt „Tiefpreis“	Supermarkt „Sparpreis“
 0,46 €	 0,49 €
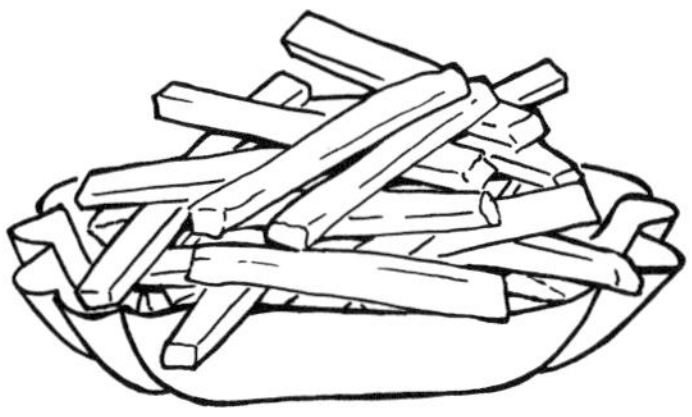 1,39 €	 1,49 €
 0,99 €	 1,09 €
 2,09 €	 2,05 €
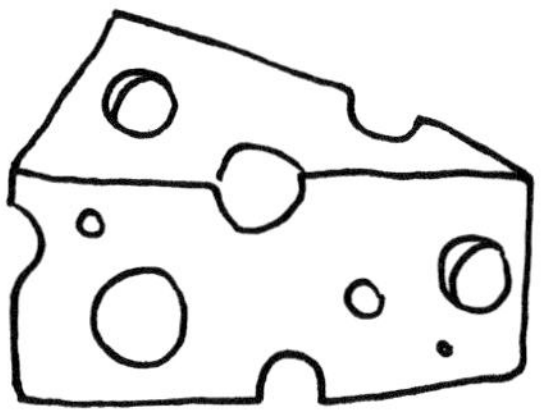 2,99 €	 2,05 €
 1,89 €	 1,99 €
 0,59 €	 0,49

Name:

Thema: Spiel: Das Münzspiel

Münzspiel – Anleitung

Material:
Münzen (1 ct., 2 ct., 5 ct., 10 ct., 20 ct., 50 ct.),
Würfel

Spielanleitung:
Die Münzen liegen sortiert (Geldkassette) in der Mitte. Es wird reihum gewürfelt. Jeder Spieler nimmt so viele 1 Cent-Stücke wie er gewürfelt hat. In den weiteren Runden kann der Spieler, der an der Reihe ist, zuers tauschen (z. B. 5×1 Cent gegen 1×5 Cent). Anschließend würfelt er wieder und nimmt sich entsprechend viele Cent-Stücke.

Spielende:
Wenn ein Spieler ein 50 Cent-Stück hat ist dieser Sieger und das Spiel ist beendet.

Variation:
Mit einem 12er Würfel, 24er Würfel oder mit 2 Würfeln spielen und entsprechend bei 1 Euro oder 2 Euro das Spiel beenden.

Name:

Thema: Spiel: Räubern

Räubern – Spielanleitung (für 2–4 Spieler)

Spielvorbereitung:

Geldkarten je einmal auf rotes, gelbes, grünes und blaues Papier drucken. Gold- und Räuberkarten 1x ausdrucken (laminieren oder auf Karton aufkleben). Alle Karten ausschneiden.

Spielregeln:

Jeder Spieler bekommt einen Satz Geldkarten in einer Farbe und behält diesen verdeckt bei sich. Die Gold- und Räuberkarten werden auf einem Stapel verdeckt in die Mitte gelegt. Die oberste der Karten wird aufgedeckt.

Jeder Spieler legt nun eine seiner Geldkarten verdeckt vor sich. Wenn alle eine Geldkarte ausgewählt haben, werden die Geldkarten umgedreht.

Bei Goldkarten: Wer die höchste Geldkarte gelegt hat darf die Goldkarte nehmen.

Bei Räuberkarten: Wer die niedrigste Geldkarte gelegt hat, muss die Räuberkarte nehmen.

Die in dieser Runde verwendeten Geldkarten werden auf die Seite gelegt und können nicht mehr gespielt werden.

Haben 2 Spieler die höchste Geldkarte gelegt (bei Goldkarten), bekommt der nächstbietende die Goldkarte. Bei den Räuberkarten wird entsprechend umgekehrt verfahren.

Spielende:

Wenn alle Geldkarten ausgespielt sind, werden die Goldkartenwerte der einzelnen Spieler zusammengezählt und die Räuberkartenwerte entsprechend abgezogen. Wer am meisten Punkte hat, hat gewonnen.

Name:

Thema: Spiel: Räubern

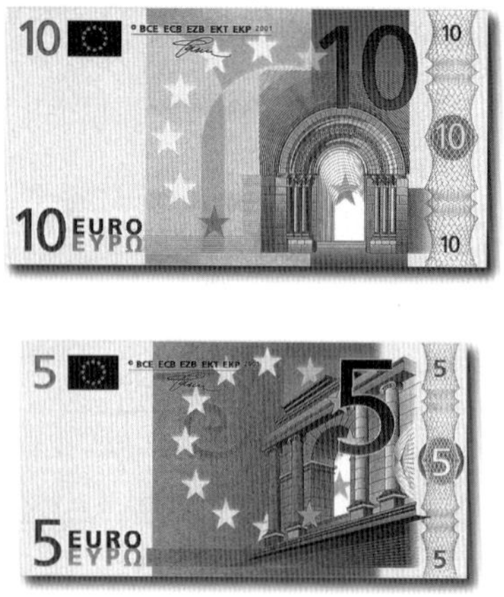		
15 €	**14 €**	**13 €**

12 €	**11 €**	**10 €**

9 €	**8 €**	**7 €**

Name:

Thema: Spiel: Räubern

6 €	**5 €**	**4 €**

3 €	**2 €**	**1 €**
 **1**	 **2**	 **3**

Name:

Thema: Spiel: Räubern

 4	 5	 6
 7	 8	 9
 10	 –1	 –2

Name:

Thema: Spiel: Räubern

–3

–4

–5

Name:

Thema: Dezimale Schreibweise von Geldbeträgen 1

Schreibe die Geldbeträge auf!

	**= 1 ct.**	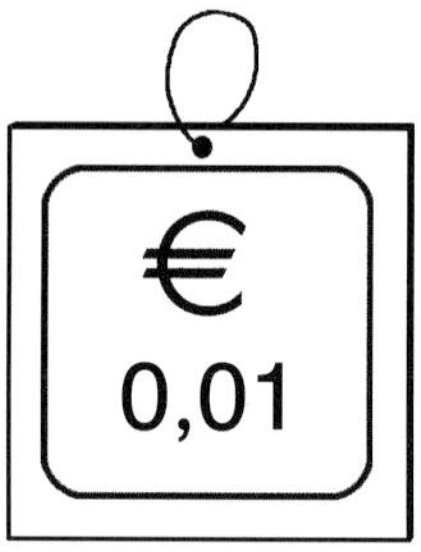	**= 0,01 €**
		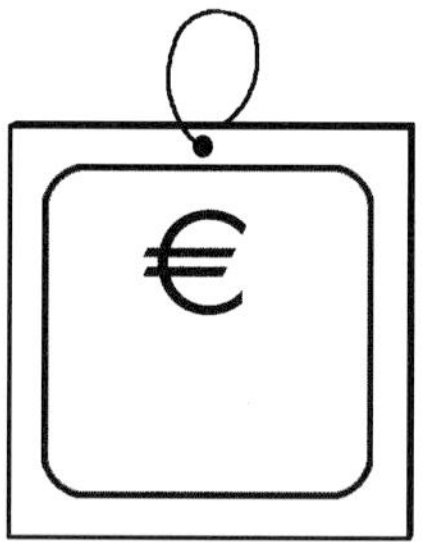	
		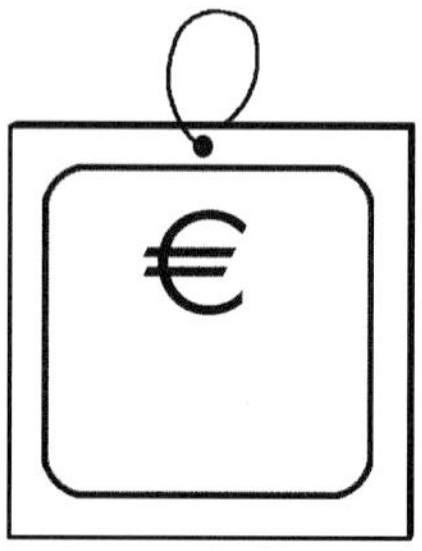	
		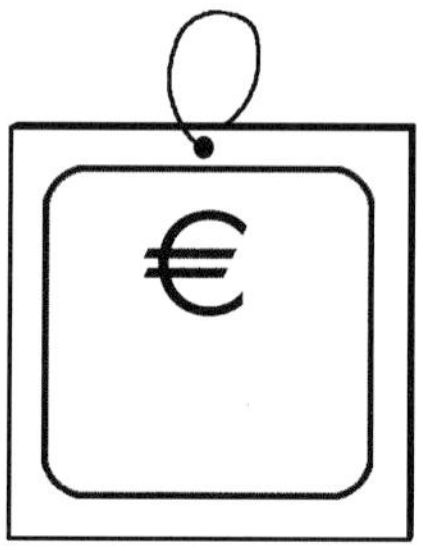	
		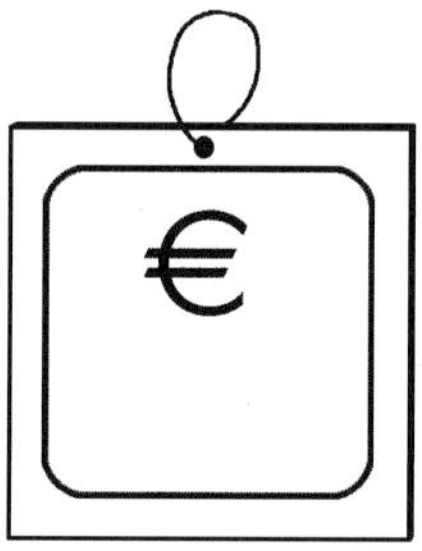	
		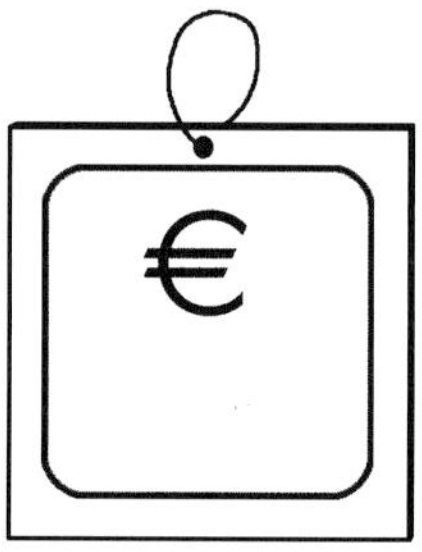	

Name:

Thema: Dezimale Schreibweise von Geldbeträgen 2

Schreibe die Geldbeträge auf!

	**= 1 € und 11 ct.**	€ 1,01	**= 1,11 €**
		€	
		€	
		€	
		€	

Ulrike Löffler/Isabel Schick: Lebenspraktisches Lernen: Geld

Name:

Thema: Dezimale Schreibweise von Geldbeträgen 3

Schreibe die Geldbeträge auf!

	**= 11 € und 1 ct.**		**= 11,01 €**
		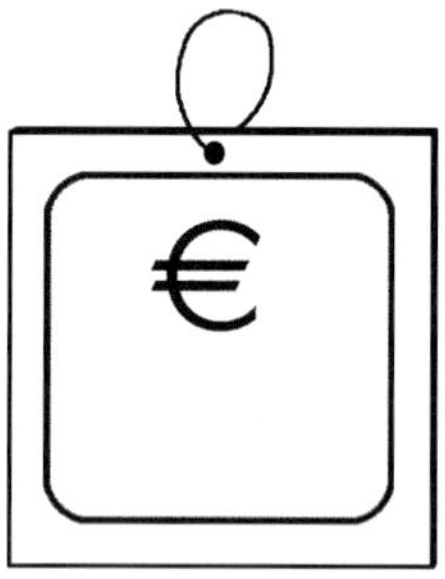	
		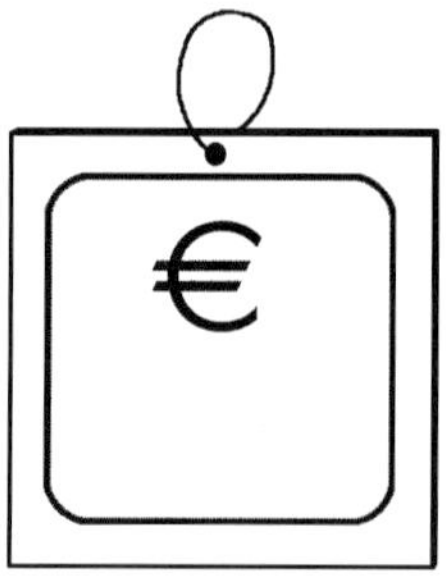	
		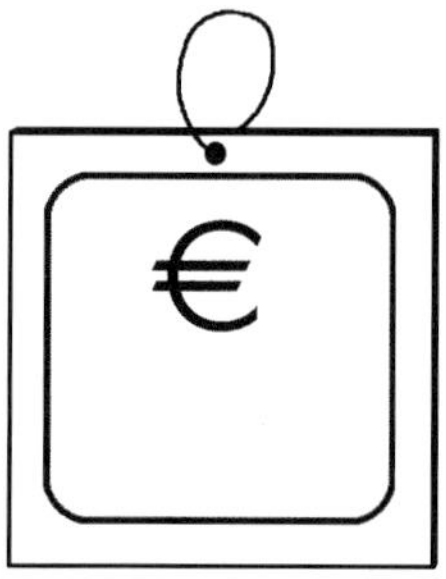	
		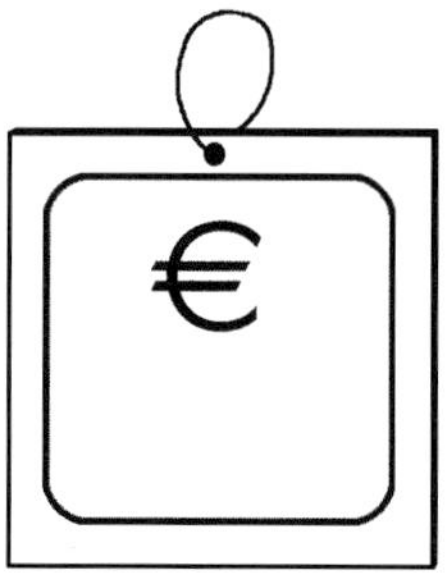	

Name:

Thema: Was brauche ich zum Bezahlen? – Passend bezahlen 1

 1 €		 2 €	
 50 ct.		 50 ct.	
 2 €		 20 ct.	
 20 ct.		 50 ct.	
 50 ct.		 2 €	
 2 €		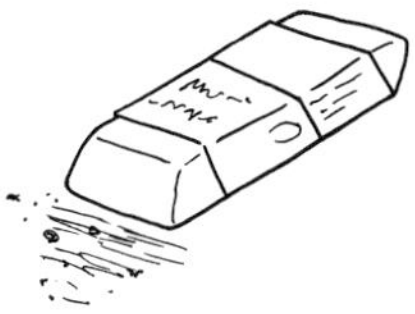 50 ct.	
 1 €		 1 €	

Name:

Thema: Was brauche ich zum Bezahlen? – Passend bezahlen 2

 5 €	
 20 €	
 100 €	
 50 €	
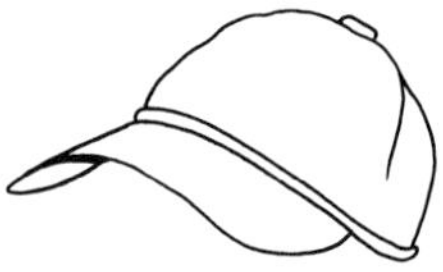 5 €	
 10 €	
 20 €	

Name:

Thema: Was brauche ich zum Bezahlen? – Passend bezahlen 3

 10,50 €	
 21 €	
 2,20 €	
 0,25 €	
 2,50 €	
 1,20 €	
 51 €	

Name:

Thema: Was brauche ich zum Bezahlen? – Passend bezahlen 4

	1,59 €	
	0,58 €	
	2,26 €	
	3,29 €	
	2,67 €	
	1,13 €	
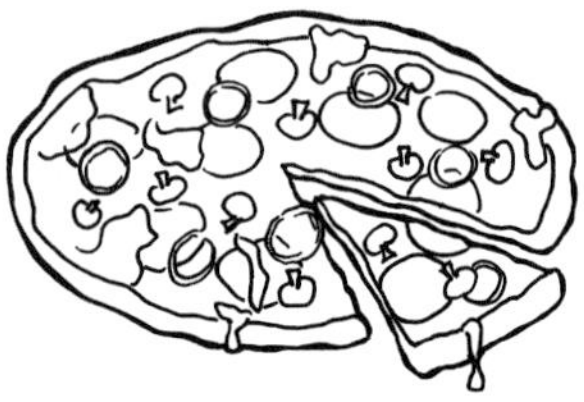	4,45 €	

Name:

Thema: Was brauche ich zum Bezahlen? – Passend bezahlen 5

 55,19 €	
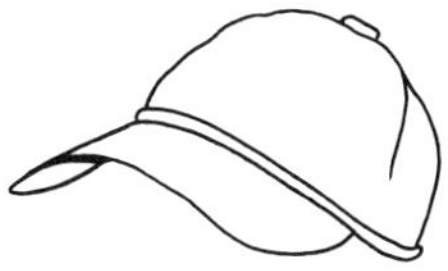 5,83 €	
 25,68 €	
 103,20 €	
 12,80 €	
 52,26 €	

Name:

Thema: Was brauche ich zum Bezahlen? – Überzahlprinzip 1

	49 ct.
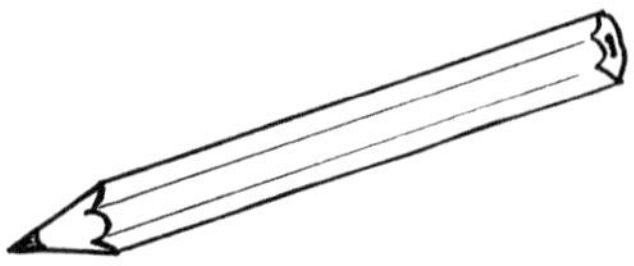	47 ct.
	18 ct.
	44 ct.
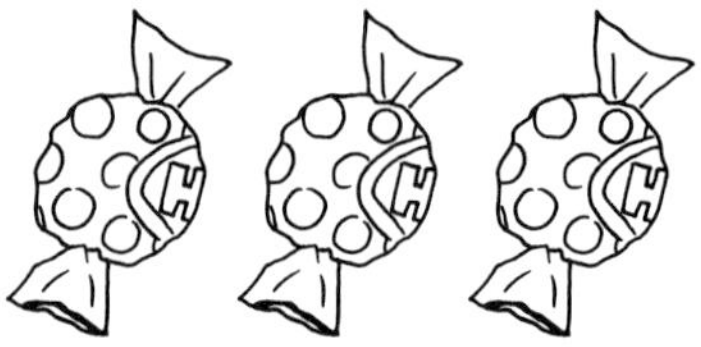	9 ct.
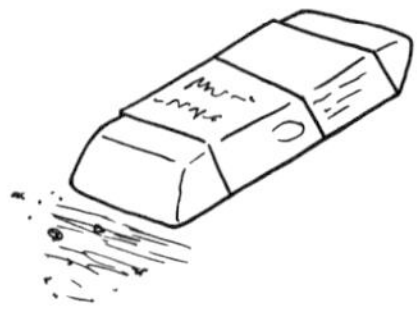	19 ct.
	3 ct.
	46 ct.

Name:

Thema: Was brauche ich zum Bezahlen? – Überzahlprinzip 2

	7,50 €
	16 €
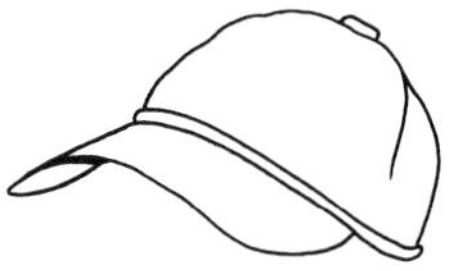	6,50 €
	0,80 €
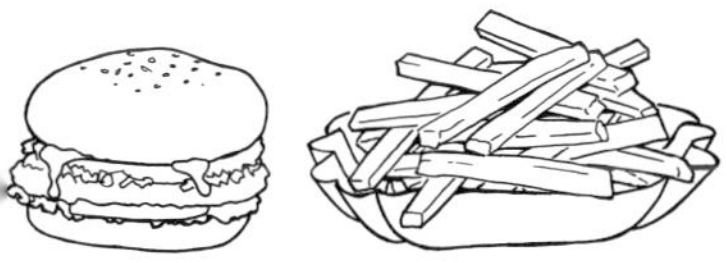	3,50 €
	0,90 €
	17 €
	1,50 €

Name:

Thema: Was brauche ich zum Bezahlen? – Überzahlprinzip 3

	64 €
	48 €
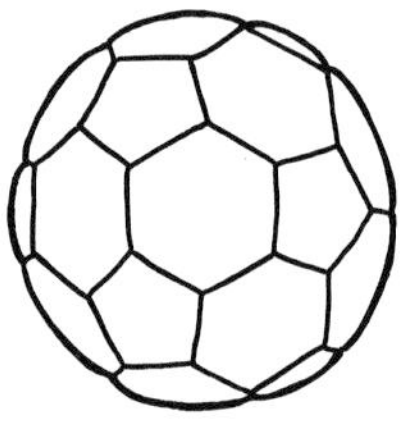	19 €
	199 €
	159 €
	86 €
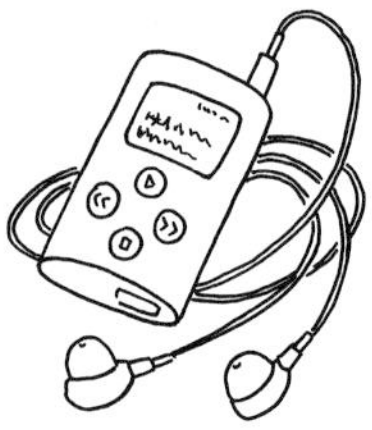	36 €

Name:

Thema: Spiel: Das Eurospiel

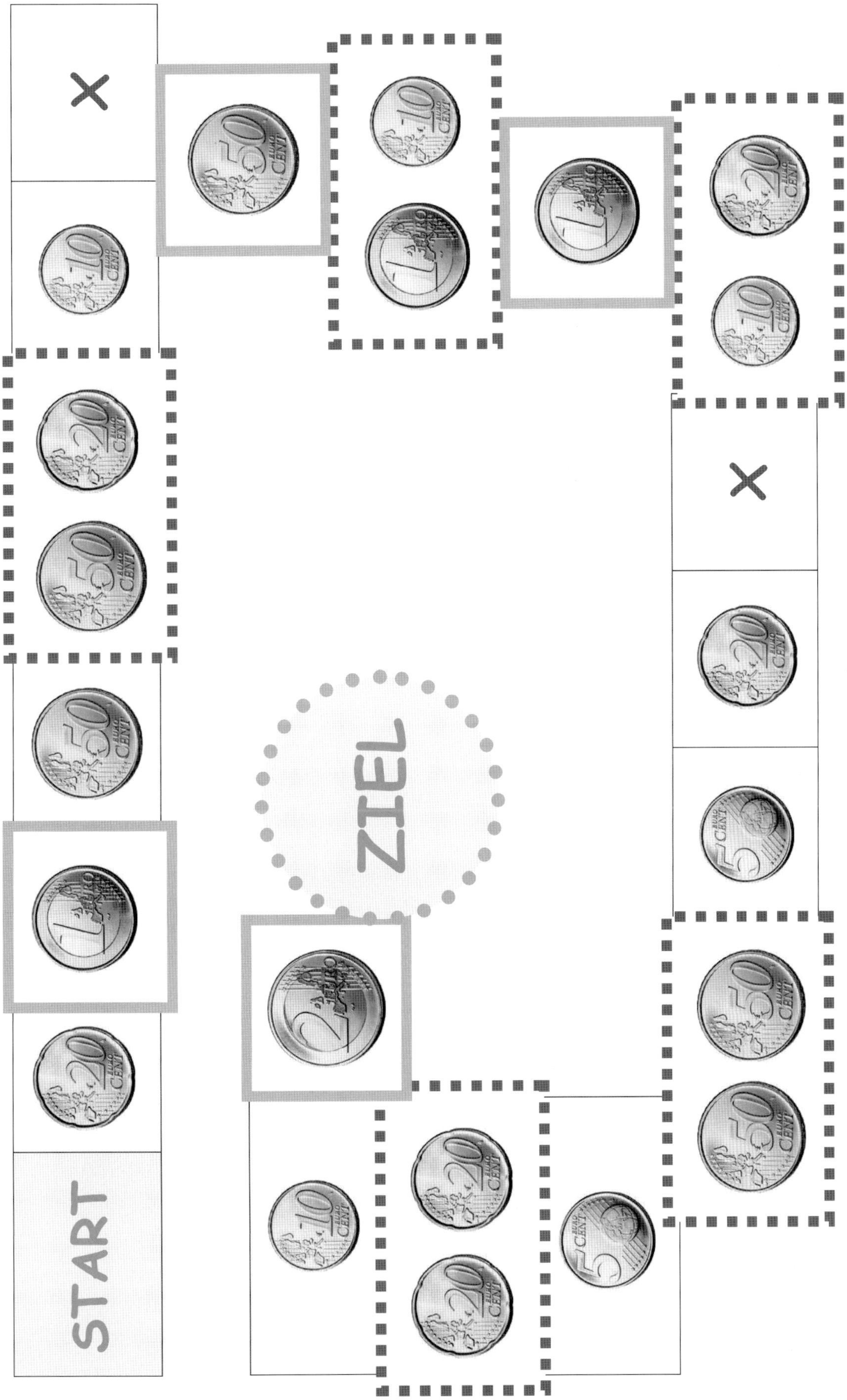

Name:

Thema: Spiel: Das Eurospiel

Du benötigst:

- Echtes Münzgeld oder Spielgeld
- Kasse (mit ausreichender Anzahl Münzen zum Entnehmen und Wechseln von Geld entsprechend der Angaben auf den Spielfeldern)
- Spielsteine/Spielfiguren
- Würfel

Spielregeln:

Jeder Spieler erhält 5 € Startguthaben: zwei 50 ct. Münzen, eine 2 Münze und zwei 1 € Münzen.
Die Spieler würfeln reihum und gehen immer die gewürfelte Punktzah vor (um das Spiel zu verlängern, mit einem Würfel mit den Würfelauger 1 bis 3 spielen).
Auf einem Feld mit **schwarzem** (dünn durchgezogenem) Rahmen nimm der Spieler die angegebene Münze aus der Kasse. Münzwert benennen.
Auf einem Feld mit **grünem** (dick durchgezogenem) Rahmen wechsel der Spieler die angegebene Münze in der Kasse (z. B. 1 € wechseln i 2 x 50 ct.). Wert benennen und nachzählen.
Auf einem Feld mit **roten** (dick punktiertem) Rahmen nimmt der Spiele die angegebenen Münzen aus der Kasse. Summen benennen.
Das **(blaue)** Kreuz bedeutet einmal aussetzen.
Wenn alle im Ziel sind, wird das Geld zusammengezählt. Sieger ist, we am Ende am meisten Geld hat.

Name:

Thema: Was kann ich mir leisten? 1

Die Kinder haben Taschengeld bekommen.
Hilf ihnen zu überlegen, was sie sich davon kaufen könnten!

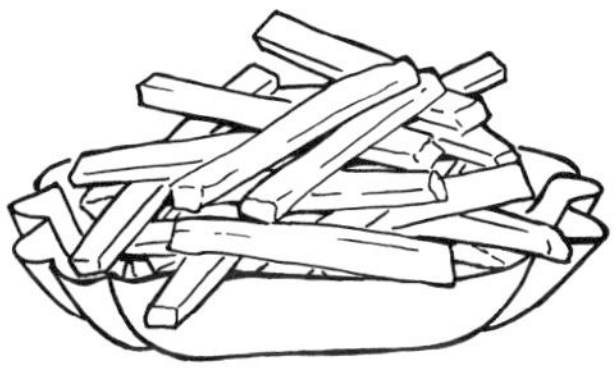
2 €

. Amelie hat 

50 ct.

2. Johannes hat 

1 €

1,50 €

3. Tobias hat 

50 ct.

4. Lucas hat  

2 €

5. Felix hat  

50 ct.

Name:

Thema: Was kann ich mir leisten? 2

Kreise ein!

			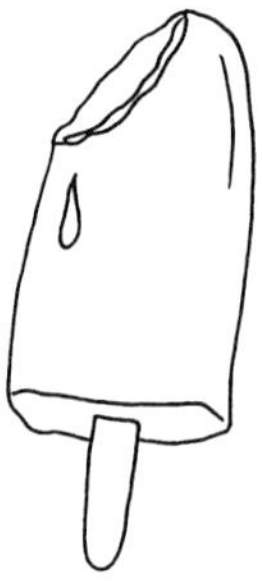
12 €	1 €	15 €	1 €
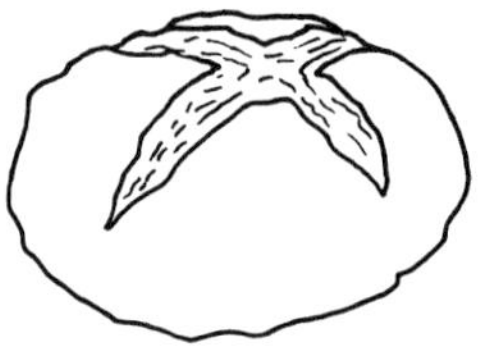			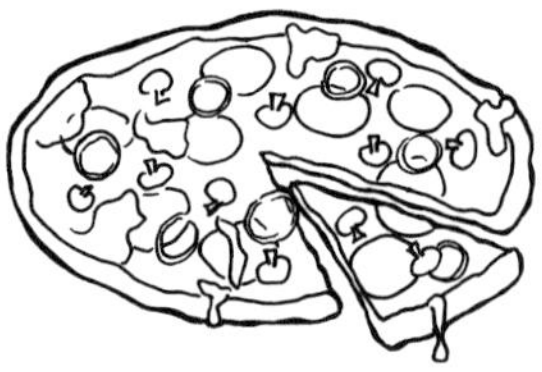
0,50 €	3 €	8 €	5 €

1,30 €	2,50 €	1,90 €	0,59 €

Name:

Thema: Was kann ich mir leisten? 3

Kreise ein!

12 €	1 €	15 €	1 €
			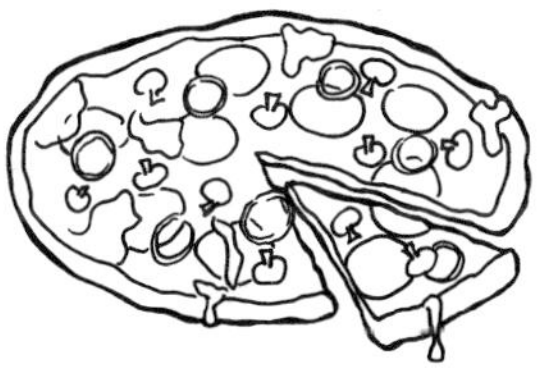
0,50 €	3 €	8 €	5 €

1,30 e	2,50 €	1,90 €	0,59 €

Name:

Thema: Schätzen von Geldwerten 1

Was kosten die Dinge? Schätze und verbinde!

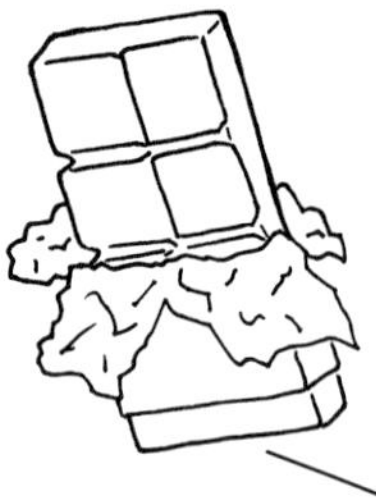

5 €	1 €	20 €	12 €

0,30 €	3 €	7,50 €	4,50 €

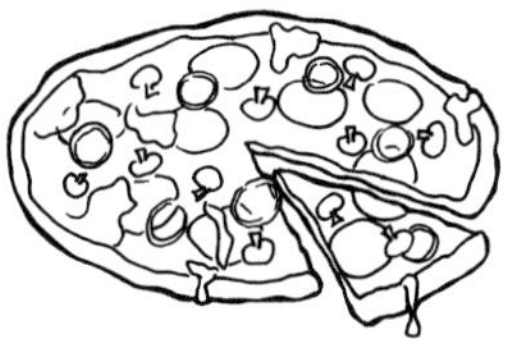

0,30 €	15 €	8 €	1,90 €

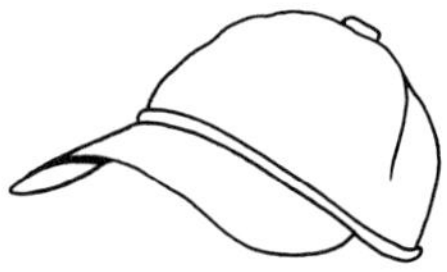

1,90 €	15,50 €	6,50 €	0,39 €

Name:

Thema: Schätzen von Geldwerten 2

Du hast 2 €. Schätze, was du dir dafür kaufen kannst! Kreuze an!

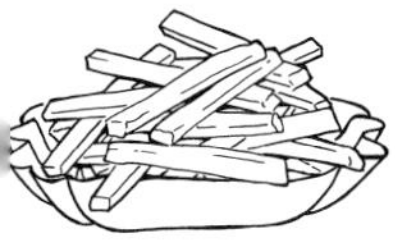
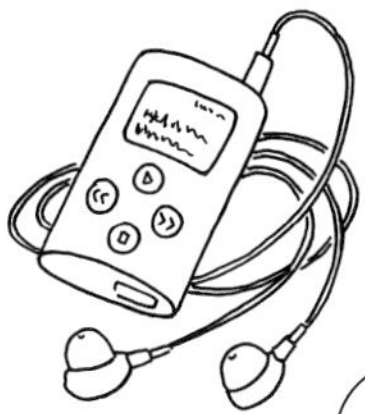
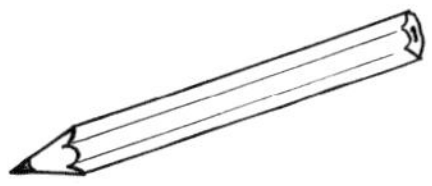

Marc hat 6 €. Was kann er sich dafür kaufen? Kreuze an!

Christine hat 1 €. Was kann sie sich für 1 € kaufen? Kreuze an!

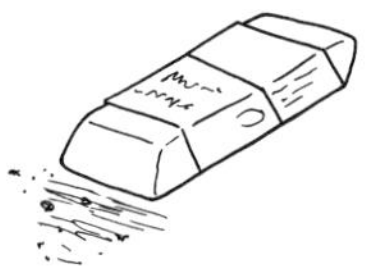

Finde eigene Beispiele!
Was kannst du dir für .... € kaufen?

Name:

Thema: Einkaufen – Was müssen die Kinder bezahlen? 1

Kinder	kaufen ein			es kostet
Tom	 1 €	 2 €	 0,50 €	
Paul	 0,50 €	 0,50 €	 2 €	
Lisa	 2 €	 0,20 €	 1 €	
Marie	 0,20 €	 0,50 €	 2 €	
Leonie	 0,50 €	 0,50 €	 0,50 €	
Max	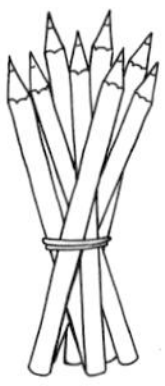 4 €	 0,50 €	 1 €	

Name:

Thema: Einkaufen – Was müssen die Kinder bezahlen? 2

Kinder	kaufen ein			es kostet
Lara	 1,10 €	 1,80 €	 0,50 €	
Emine	 0,55 €	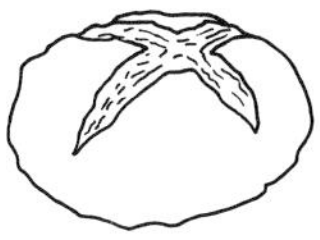 0,50 €	 2,60 €	
Kai	 1,80 €	 0,45 €	 1,70 €	
Sandra	 0,25 €	 0,59 €	 2,90 €	
Julius	 1,50 €	 0,59 €	 0,50 €	
Leon	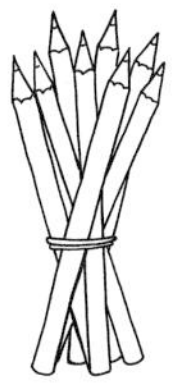 3,80 €	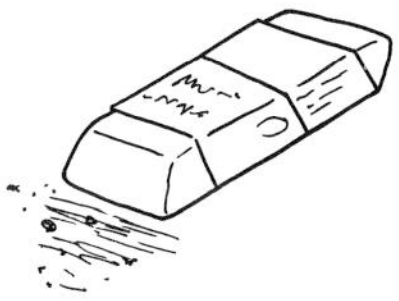 0,78 €	 1,19 €	

Name:

Thema: Einkaufen – Was bekomme ich zurück? 1

Ich kaufe	Ich bezahle mit	Ich bekomme zurück
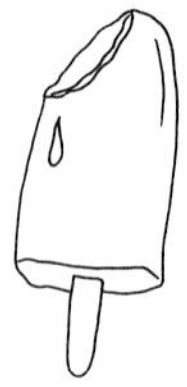 1 €		
 3 €		
 9 €		
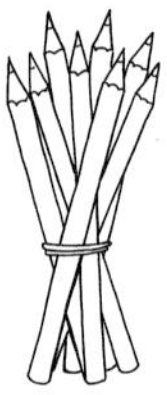 4 €		
 8 €		
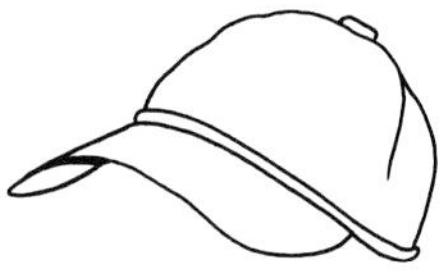 6 €		
 2 €		

Name:

Thema: Einkaufen – Was bekomme ich zurück? 2

Ich kaufe		Ich bezahle mit	Ich bekomme zurück
	12,80 €		
	52,20 €		
	25,19 €		
	18,89 €		
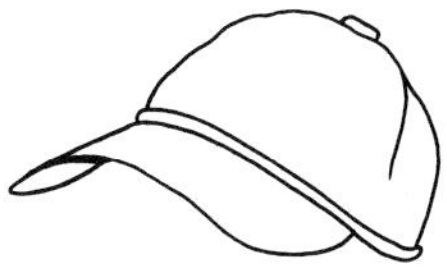	5,68 €		
	89,20 €		
	48,80 €		

Name:

Thema: Mit welcher Münze oder welchem Geldschein kann ich bezahlen?

Ich kaufe	Ich bezahle mit	Ich bekomme zurück
 2,20 €		
 0,55 €		
 0,29 €		
 0,90 €		
 2,30 €		
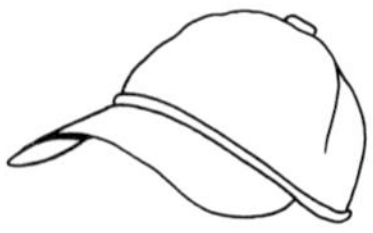 5,50 €		
 1,80 €		
 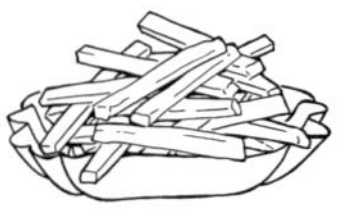 3,50 €		

Name:

Thema: Was bleibt übrig? 1

Kinder	haben gespart	kaufen ein	es bleiben übrig
Tom	5 €	 3 €	
Paul	2 €	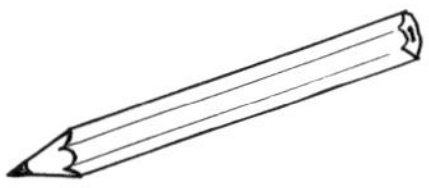 0,50 €	
Lisa	1 €	 0,20 €	
Marie	2 €	 1 €	
Leonie	5 €	 0,50 €	
Max	3 €	 1,50 €	

Name:

Thema: Was bleibt übrig? 2

Kinder	haben gespart	kaufen ein	es bleiben übrig
Emil	**15 €**	 9,50 €	
Sarah	**26 €**	 18,50 €	
Berkan	**11 €**	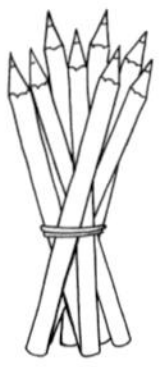 4,20 €	
Susi	**15 €**	 7,50 €	
Ellen	**50 €**	 39,50 €	
Nils	**23 €**	 14,50 €	

Name:

Thema: Zusammenzählen (Addition) einfacher Geldbeträge 1

Zähle das Geld zusammen!

Marc hat 

1) Wie viel Geld hat er, wenn er 

geschenkt bekommt?

__________ + __________ = __________

2) Wie viel Geld hat er, wenn er 

geschenkt bekommt?

__________ + __________ = __________

3) Er bekommt 

geschenkt. Wie viel Geld hat er?

__________ + __________ = __________

4) Er bekommt 

geschenkt. Wie viel Geld hat er?

__________ + __________ = __________

Name:

Thema: Zusammenzählen (Addition) einfacher Geldbeträge 2

Es gab Geld zum Geburtstag. Wie viel hat jeder bekommen?

Theo

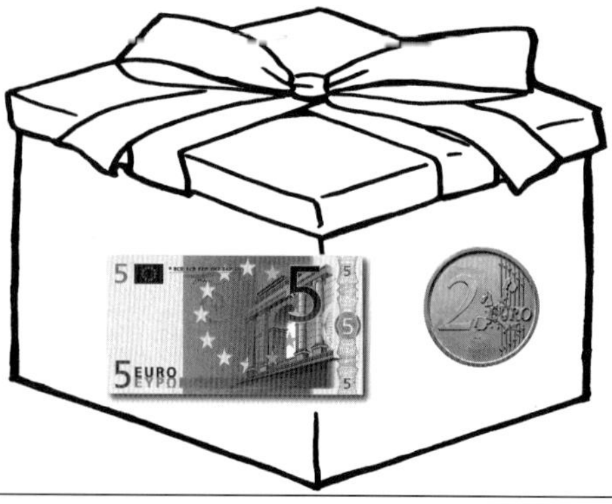

Lena

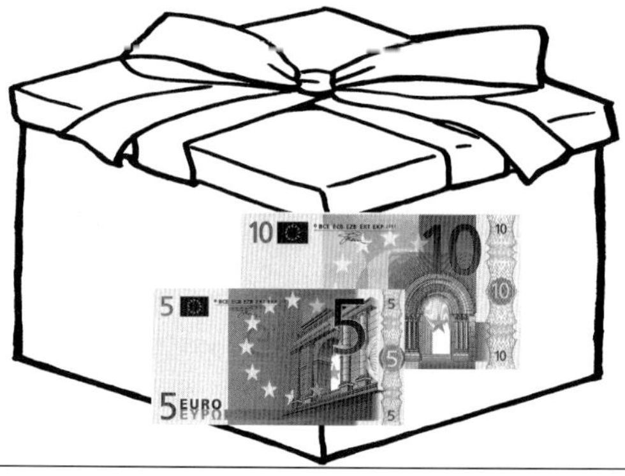

Michaela

Stefan

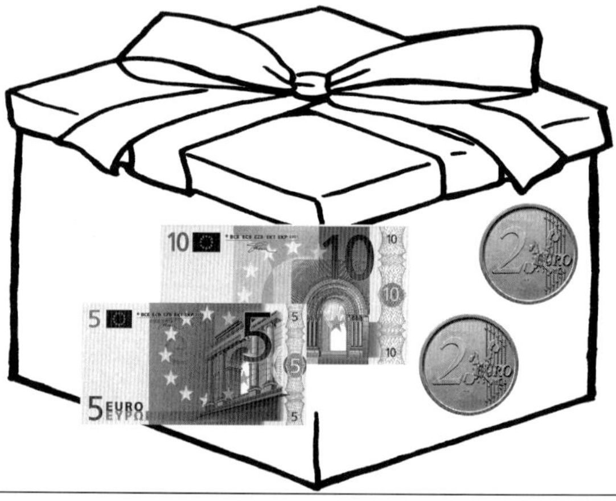

Arthur

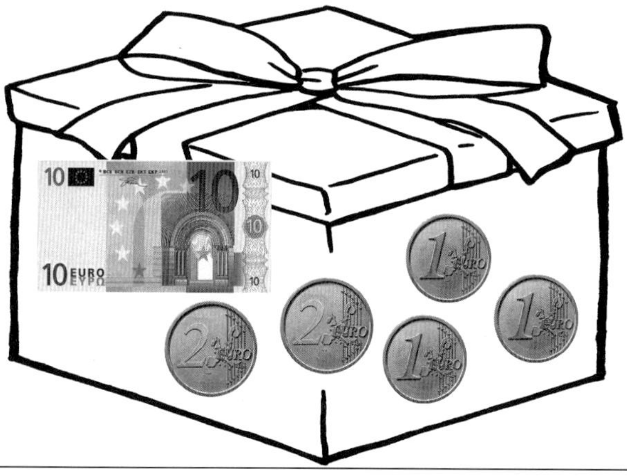

Iris

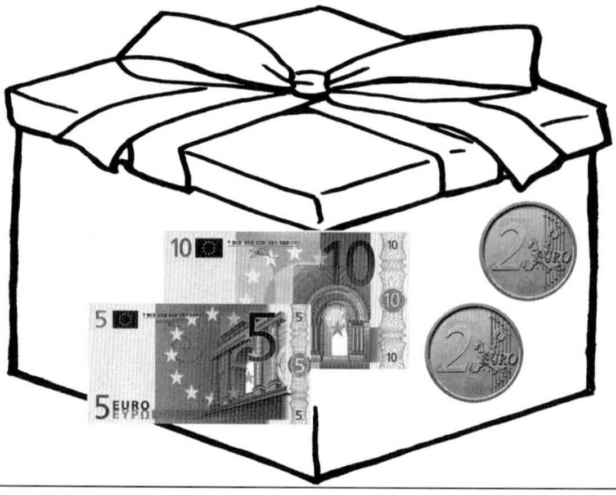

Ulrike Löffler/Isabel Schick: Lebenspraktisches Lernen: Geld

Name:

Thema: Zusammenzählen (Addition) einfacher Geldbeträge 3

Wie viel Geld hat jeder in seiner Geldbörse?

Theo

Lena

Michaela

Stefan

Arthur

Iris

Name:

Thema: Zusammenzählen (Addition) dezimaler Geldbeträge 1

Zähle das Geld zusammen!

Anne hat 2,53 € gespart.

1) Wie viel Geld hat Anne, wenn sie noch 1,21 € spart?

______________ + ______________ = ______________

2) Wie viel Geld hat Anne, wenn sie noch 0,45 € spart?

______________ + ______________ = ______________

3) Wie viel Geld hat Anne, wenn sie noch 0,57 € spart?

______________ + ______________ = ______________

4) Anne bekommt 2,14 € geschenkt.
   Wie viel Geld hat sie?

______________ + ______________ = ______________

Name:

Thema: Zusammenzählen (Addition) dezimaler Geldbeträge 2

Die Spardosen sind voll. Wie viel hat jeder gespart?

Theo

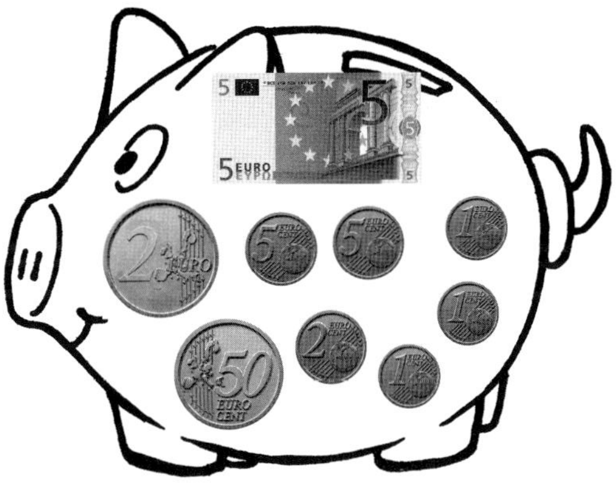

Lena

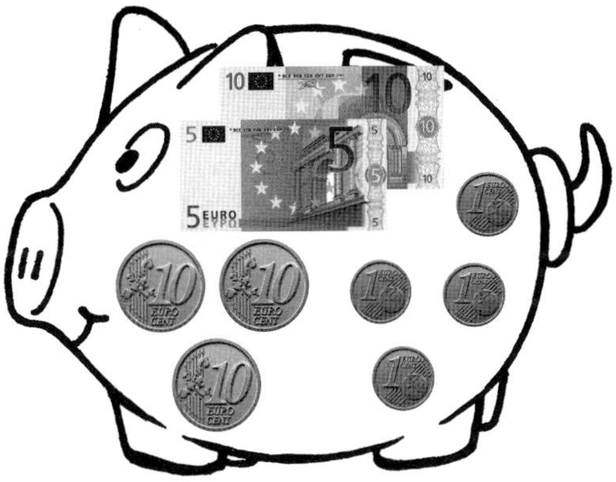

Michaela

Stefan

Arthur

Iris

Name:

Thema: Zusammenzählen (Addition) dezimaler Geldbeträge 3

Wie viel Geld hat jeder beim Einkaufen zurück bekommen?

Theo

Lena

Michaela

Stefan

Arthur

Iris